## Reunir datos y hacer un informe
### Mashed Potatoes: Collecting Data

Nancy Harris
traducido por David Mallick

Rourke
Publishing LLC
Vero Beach, Florida 32964

© 2008 Rourke Publishing LLC

All rights reserved. No part of this book may be reproduced or utilized in any form or by any means, electronic or mechanical including photocopying, recording, or by any information storage and retrieval system without permission in writing from the publisher.

www.rourkepublishing.com

PHOTO CREDITS: © Renee Brady: title page, page 4, 8; © Diane Rutt, © Diana Lundin, © Marcelo Wain: page 6, 7; © Matej Michelizza, © Georgy Markov, © Jim Jurica: page 10; © Marcelo Gabriel Domenichelli, © Sean MacLeay: page 14, 15; © Craig Veltri, © Tim McCaig: page 14, 15.

Editor: Robert Stengard-Olliges

Cover design by Nicola Stratford, bdpublishing.com

Bilingual Editorial Services by Cambridge BrickHouse, Inc.    www.cambridgebh.com

**Library of Congress Cataloging-in-Publication Data**

Harris, Nancy.
 [Mashed potatoes. Spanish & English]
 Puré de papas : reunir datos y hacer un informe / Nancy Harris ; traducido por David Mallick = Mashed potatoes : collecting data / Nancy Harris.
    p. cm. -- (Math focal points)
 Includes index.
 ISBN 978-1-60044-762-4
 1. Statistics--Graphic methods--Juvenile literature. I. Title.
 QA276.13.H3718 2008
 001.4'33--dc22
                                        2007033792

Printed in the USA

CG/CG

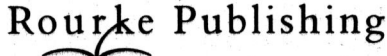

www.rourkepublishing.com – rourke@rourkepublishing.com
Post Office Box 3328, Vero Beach, FL 32964

# Contenido
# Table of Contents

| | |
|---|---|
| Puré de papas / Mashed Potatoes | 4 |
| Desayuno / Breakfast | 6 |
| Almuerzo / Lunch | 10 |
| Cena / Dinner | 14 |
| Postre / Dessert | 18 |
| Demasiado puré de papas / Too Many Mashed Potatoes | 22 |
| Glosario / Glossary | 23 |
| Índice / Index | 24 |

# Puré de papas
# Mashed Potatoes

A Heather y a Justin les encanta comer puré de papas. Lo comen en el desayuno, el almuerzo y la cena. ¡De hecho, lo comen de postre también!

Heather and Justin both love to eat mashed potatoes. They eat them for breakfast, lunch, and dinner. In fact, they even eat them for dessert!

Hicieron una tabla la semana pasada para registrar los días en que comieron puré de papas.

Last week they made a chart to record which days they ate mashed potatoes.

**Los días en que comimos puré de papas**
**Days We Ate Mashed Potatoes**

| Día / Day | Heather | Justin |
|---|---|---|
| domingo / Sunday | sí / yes | sí / yes |
| lunes / Monday | no / no | sí / yes |
| martes / Tuesday | sí / yes | sí / yes |
| miércoles / Wednesday | sí / yes | sí / yes |
| jueves / Thursday | sí / yes | sí / yes |
| viernes / Friday | sí / yes | sí / yes |
| sábado / Saturday | no / no | sí / yes |

*¿Quién comió puré de papas el lunes?*
*¿Qué días comieron puré de papas los dos?*

*Who ate mashed potatoes on Monday?*
*Which days did both kids eat mashed potatoes?*

# Desayuno / Breakfast

Hoy los niños tomaron nota de todo el puré que comieron en un día. Hoy desayunaron puré de papas caliente con algo encima.

*Sus acompañamientos favoritos fueron:*

Today the kids recorded all the mashed potatoes they ate in one day. For breakfast, they ate hot mashed potatoes with toppings.

*Their favorite breakfast toppings were:*

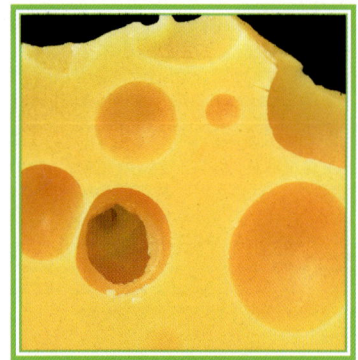

queso
cheese

mantequilla
butter

huevos revueltos
scrambled eggs

Justin y Heather registraron lo que comieron con su puré del desayuno en un **pictograma**.

Justin and Heather recorded what they ate on their breakfast mashed potatoes in a **picture graph**.

### Acompañamientos con el puré de papas
### Toppings on Mashed Potatoes

| | queso<br>cheese | | mantequilla<br>butter | | huevos revueltos<br>scrambled eggs | |
|---|---|---|---|---|---|---|
| 6 | 🧀 | | | | | |
| 5 | 🧀 | | | | 🍳 | 🍳 |
| 4 | 🧀 | | | | 🍳 | 🍳 |
| 3 | 🧀 | | | | 🍳 | 🍳 |
| 2 | 🧀 | 🧀 | | 🟨 | 🍳 | 🍳 |
| 1 | 🧀 | 🧀 | 🟨 | 🟨 | 🍳 | 🍳 |
| | Heather | Justin | Heather | Justin | Heather | Justin |

*¿Qué acompañamiento les gustó más?*
*¿Qué acompañamiento les gustó menos?*
Which breakfast topping did they like best?
Which breakfast topping did they like least?

Heather se comió tres platos de puré y Justin se comió dos platos de puré en el desayuno.

Heather ate three bowls of mashed potatoes and Justin ate two bowls of mashed potatoes for breakfast.

Hicieron una **tabla de conteo**. Esta indica cuántos platos de puré de papas se comieron en el desayuno.

They made a **tally table**. It showed how many bowls of mashed potatoes they ate for breakfast.

### Platos en el desayuno
### Bowls for Breakfast

| Niños / Kids | Conteo / Tally | Número / Number |
|---|---|---|
| Justin | II | 2 |
| Heather | III | 3 |

*¿Cuántos platos de puré se comieron en total? ¿Cuántos platos más de puré que Justin se comió Heather?*

*How many bowls of mashed potatoes did they eat altogether? How many more bowls of mashed potatoes did Heather eat than Justin?*

# Almuerzo / Lunch

En el almuerzo los niños comieron panqueques de papas con acompañamientos.

*Sus acompañamientos favoritos fueron:*

At lunch the kids ate warm mashed potato pancakes with toppings.

*Their favorite lunch toppings were:*

puré de manzana
applesauce

cebollas
onions

crema agria
sour cream

Heather hizo una **gráfica de barras** para registrar cuántos acompañamientos comieron con sus panqueques.

Heather made a **bar graph** to record how many toppings they put on their pancakes.

### Acompañamientos con los panqueques de papa
### Toppings on Mashed Potato Pancakes

| | puré de manzana applesauce | | cebollas onions | | crema agria sour cream | |
|---|---|---|---|---|---|---|
| 6 | | | | | | |
| 5 | | | | | | |
| 4 | | ■ | | | | |
| 3 | ■ | ■ | | | | |
| 2 | ■ | ■ | ■ | | ■ | ■ |
| 1 | ■ | ■ | ■ | | ■ | ■ |
| | Heather | Justin | Heather | Justin | Heather | Justin |

*¿Cuántos acompañamientos comieron en total?*
*¿Cuál acompañamiento comieron en mayor cantidad?*
How many toppings did the kids eat altogether?
Which topping did they eat the most of?

11

Justin hizo una tabla de conteo que indica cuántos panqueques de papa almorzaron.

Justin made a tally table showing how many mashed potato pancakes they ate for lunch.

## Número de panqueques de papa
## Number of Mashed Potato Pancakes

| Niños / Kids | Conteo / Tally | Número / Number |
|:---:|:---:|:---:|
| **Justin** | IIII | 4 |
| **Heather** | II | 2 |

*¿Quién se comió la mayor cantidad de panqueques de papa? ¿Cuántos panqueques menos se comió Heather?*

*Who ate the most mashed potato pancakes? How many fewer mashed potato pancakes did Heather eat?*

# Cena / Dinner

En la cena, comieron puré de papas con acompañamientos.

*Sus acompañamientos favoritos fueron:*

Dinner was hot mashed potatoes served with warm toppings.

*Their favorite dinner toppings were:*

carne
meat

zanahorias
carrots

guisantes
peas

Justin y Heather usaron un pictograma para registrar lo que comieron con su puré de papas en la cena.

Justin and Heather recorded what they ate on their dinner mashed potatoes in a picture graph.

## Acompañamientos con el puré de papas
### Toppings on Mashed Potatos

| | carne / meat | | zanahorias / carrots | | guisantes / peas | |
|---|---|---|---|---|---|---|
| 6 | ■ | | | | | |
| 5 | ■ | | | | 🟢 | 🟢 |
| 4 | ■ | | | | 🟢 | 🟢 |
| 3 | ■ | | | | 🟢 | 🟢 |
| 2 | ■ | ■ | | 🥕 | 🟢 | 🟢 |
| 1 | ■ | ■ | 🥕 | 🥕 | 🟢 | 🟢 |
| | Heather | Justin | Heather | Justin | Heather | Justin |

*¿Qué acompañamiento prefirieron los dos por igual? ¿Cuánto se comieron de estos tres acompañamientos en total?*

*Which dinner toppings did the kids like the same? How much did they eat of these three toppings altogether?*

15

Heather hizo una tabla de conteo. Esta indica cuántos platos de puré de papas se comieron en la cena.

Heather made a tally table. It showed how many plates of mashed potatoes they ate for dinner.

## Platos de puré de papas comidos
## Plates of Mashed Potatoes Eaten

| Niños / Kids | Conteo / Tally | Número / Number |
|:---:|:---:|:---:|
| Justin | I | 1 |
| Heather | II | 2 |

¿Cuántos platos de puré de papas se comieron en total? ¿Cuántos platos menos se comió Justin?

How many plates of mashed potatoes did they eat altogether? How many fewer plates of mashed potatoes did Justin eat?

# Postre / Dessert

¡El puré de papas para el postre fue una delicia especial! Comieron bolas de puré de papas dulce.

*Sus acompañamientos favoritos fueron:*

Mashed potatoes for dessert was their favorite treat! They ate scoops of mashed sweet potatoes.

*Their favorite dessert toppings were:*

salsa de chocolate
chocolate sauce

malvaviscos
marshmallows

virutas
sprinkles

Heather puso cuatro cucharaditas de salsa de chocolate encima. Justin puso cinco cucharaditas de salsa de chocolate encima.

Ambos pusieron tres cucharaditas de malvaviscos y una de virutas encima.

Heather put four teaspoons of chocolate sauce on top. Justin put five teaspoons of chocolate sauce on top.

Both put three teaspoons of marshmallows and one teaspoon of sprinkles on top.

Los niños hicieron una **tabla ilustrada** para registrar los acompañamientos de su puré de papas.

The kids made a **table graph** to record what toppings they had on their dessert mashed potatoes.

## Acompañamientos comidos
## Dessert Toppings Eaten

| Acompañamiento / Topping | Número / Number |
|---|---|
| Salsa de chocolate / Chocolate sauce | 9 |
| Malvaviscos / Marshmallows | 6 |
| Virutas / Sprinkles | 2 |

¿Cuántas porciones de acompañamiento comieron en total? ¿Cuál fue su favorito?

How many servings of toppings did they eat in all? What was their favorite topping?

Justin y Heather hicieron una tabla de conteo. Esta indica cuántas cucharadas de puré de papas dulce se comieron en el postre.

Justin and Heather made a tally table. It showed how many scoops of mashed sweet potatoes they ate for dessert.

**Cucharadas de puré de papas dulce consumidas**
**Scoops of Sweet Mashed Potatoes Eaten**

| Niños / Kids | Conteo / Tally | Número / Number |
|:---:|:---:|:---:|
| **Justin** | I | 1 |
| **Heather** | IIII | 4 |

¿Cuántas cucharadas de puré de papas dulce se comieron los niños en el postre? ¿Quién comió la mayor cantidad?

How many total scoops of sweet mashed potatoes did the kids eat for dessert? Who ate the most dessert?

# Demasiado puré de papas
# Too Many Mashed Potatoes

Al final del día, Justin y Heather estaban repletos. Mira la tabla. ¿Se comieron ellos demasiadas porciones de puré de papas hoy?

At the end of the day, Justin and Heather were stuffed. Look at the table graph. Did they eat too many servings of mashed potatoes today?

### Puré de papas consumido en cada comida
### Mashed Potatoes Eaten During Each Meal

| Comida / Meal | Porciones / Servings |
| --- | --- |
| Desayuno / Breakfast | 5 |
| Almuerzo / Lunch | 6 |
| Cena / Dinner | 3 |
| Postre / Dessert | 5 |

# Glosario / Glossary

**gráfica de barras** — gráfica que usa barras para representar cantidades de cosas
**bar graph** (BAHR GRAF) — a graph that uses bars to represent the amount of different things

**pictograma** — gráfica que usa imágenes para representar cantidades de cosas
**picture graph** (PIK chur GRAF) — a graph that uses pictures to represent the amount of different things

**tabla de conteo** — gráfica que usa marcas para representar cantidades de cosas
**tally table** (TAL ee TAY buhl) — a graph that uses tally marks to represent the amount of different things

**tabla ilustrada** — gráfica que usa una combinación de palabras y símbolos para representar cantidades de cosas
**table graph** (TAY buhl GRAF) — a graph that uses a combination of words and symbols to represent the amount of different things

# Índice / Index

gráfica de barras /
  bar graph   11
pictograma /
  picture graph   7, 15
chart / tabla   5

tabla de conteo / tally table
  9, 12, 13, 16, 17, 21
tabla ilustrada /
  table graph   20, 22

## Lecturas adicionales / Further Reading

Bodach, Vauya. *Tally Charts*. A+ Books, 2007.
Liccione, Jean. *Charts, Graphs, and Diagrams*. Newbridge Publishing, 2007.
Underwood, Deborah. *Safari Adventure: Charts, Graphs, and Tables*.
  Raintree Publishers, 2007.

## Sitios Web recomendados / Recommended Websites

www.beaconlearningcenter.com/WebLessons/IAmSpecial
www.beaconlearningcenter.com/WebLessons/HowItAllStacksUp

## Sobre la autora / About the Author

Nancy Harris es asesora de educación, con veinte años de experiencia en el salón de clases. Ella disfruta escribiendo libros de no ficción y enseñando a niños y adultos estrategias de lectura. Actualmente vive en Lafayette, Colorado.

Nancy Harris is an educational consultant with twenty years teaching experience. She enjoys writing nonfiction books and teaching students and educators nonfiction reading strategies. She currently lives in Lafayette, Colorado.